여성이 미래다

나답게 살아가기 위한 여덟 가지 이야기

EL FUTURO ES FEMENINO

여성이 미래다

나답게 살아가기 위한 여덟 가지 이야기

사라 카노 글 • 아나 산토스 외 그림 • 문주선 옮김

두레

현재의, 미래의, 과거의 여성들을 위해

지은이의 말

사라 카노

여러분이 지금 여자아이거나 또는 어린 시절을 지나온 여성이라면 이 책에 나오는 이야기들이 꽤 익숙할 것입니다. 그렇지 않다면(즉, 남자아이거나 남성이라면), 주변 여성들에게 물어보세요. 제 이야기가 거짓말이 아니라는 것을 알게 될 겁니다. 이 이야기들은 글을 쓴 저와 그림을 그린 일러스트레이터 여덟 명의 이야기입니다. 주인공들은 여러분의 자매일 수도, 사촌일 수도, 이모나 고모, 여자 친구일 수도 있습니다. 여러분의 엄마나, 할머니 또는 그보다 앞서 살아간 여성들일 수도 있습니다. 언제 어디에 살았든 여러분이 여성이라면, 이제부터 들려주는 이야기들이 새로운 이야기는 아닐 겁니다. 여성이 아니더라도 여러분의 삶에서 중요한 여성들이 살아온 이야기를 알아주었으면 합니다.

여성들은 장소와 행동에 늘 압박을 느끼며 살아왔습니다. 정해진 장난감을 가지고 놀아야 했고, 정해진 놀이를 해야만 했으며, 하지 말아야 할 것들에 대해 늘 들어야 했습니다. 자연스럽고 불가피한 과정인 몸의 변화를 수치스럽게 여기도록 배웠고, 자신을 늘 불완전한 존재로 느끼도록 배웠습니다. 될 수 없는 것과 원하지 않아도 해야만 하는 것, 그리고 우리가 어떻게 느껴야만 하는지를 끊임없이 생각해야만 했습니다. 우리 여성은 자신을 사랑하라고 배우지 못했기 때문에 자신을 나쁘게 여겨왔습니다. 우리의 성은 열등하다고 여겨져 역사에서 지워졌

습니다. 어떤 인물은 아예 여성이 아니라고 부정당해왔습니다. 여자아이가 되기 위해서는 정해진 태도와 정해진 외모를 가져야만 했습니다. 마치 여자아이나 여성으로 만들어주는 조리법이나 처방전이라도 있는 것처럼요.

저는 이 책에 나온 이야기들과 비슷한 상황에 단 한 번이라도 처해보지 않은 여자아이나 여성을 알지 못합니다. 이 부당한 상황의 주인공은 여성들 모두였습니다. 이것은 우리를 하나(자매)가 되도록 묶어준, 보이지 않는 끈이었습니다. 자매애(연대)의 끈.

이 보이지 않는 끈이 이 이야기들을 엮어주었습니다. 주인공들은 부당한 상황에 처해 있지만 희생자는 아닙니다. 저항하고, 역사를 되돌리고, 공간을 되찾고, 도리에 맞지 않는 것을 거부합니다. 제가 이런 이야기를 쓴 이유는 여러분이 아직 성인이 아닌 어린 여자아이라 할지라도, 이런 부당한 상황을 받아들일 필요가 없다는 것을 말하기 위해서입니다. 여러분도, 여러분의 여자 친구들도, 자매들도 그렇게 살 필요가 없습니다. 여러분의 딸도, 손녀도 마찬가지이고요.

이렇게 여성들이 부당한 상황에 당당히 맞서고 자신의 권리를 되찾기까지 아직 갈 길이 멀다는 것이 저를 두렵게 합니다. 그래서 언젠가 여성으로 자라날 여러분에게, 이런 부당함을 없앨 방법이 있다는 것을 알려주고 싶었습니다.

여러분이 이미 성인 여성이라면 가까운 여자아이들에게 알려주세요. 다른 누군가와 똑같은 기회와 자유를 누릴 자격이 있다는 것을요. 만약 당신이 남자라면, 남자와 여자는 여전히 동등한 조건으로 살고 있지 않다는 것을 깨닫고, 당신의 인생에서 중요한 여성과 여자아이들이 이 이야기의 주인공이 되지 않도록 해야 할 것입니다.

이 책의 주제는 여성들의 연대와 성 평등이 미래를 엮을 끈이라는 것입니다. 미래는 완전히 여성의 것입니다.

차례

귀고리

할 수 있을지 잘 모르겠다. 에바는 늘 나를 겁쟁이라고 놀리지만, 그 때문이 아니다. 옷핀이 너무 뾰족하기 때문이다. 나는 옷핀에 손도 대지 못한다. 나는 바늘이 무섭다.

그러나 나는 해야만 한다.

마리아, 에바와 약속했다. 절친들과 한 약속이다. 그 애들은 그저 잠깐 따끔할 뿐이라고 했다. 그리고…….

아, 못 하겠다.

분명, 지난 여름 수영장에서 말벌에 쏘인 것만큼이나 아플 것이다. 그때 수영장 한 귀퉁이에서 놀다가 무심코 손을 짚었는데 하필 그곳에 벌이 있었다. 말벌에 쏘여본 적이 한 번도 없었기 때문에, 무언가에 쏘였다기보다는 작은 칼 두 자루가 꽂힌 것 같은 느낌이었다. 손바닥이 불에 댄 것처럼 쑤셔왔다. 벌에 쏘인 자리가 풍선처럼 부풀더니 마침내 팔까지 부어올라서 끝내 응급실에 가야 했다.

그런데 말벌에 쏘인 것보다 의사가 놓은 주사가 더 아팠다.

처음에 의사는 주사를 내 팔에 놓으려 했다. 하지만 의사가 들고 있는 커다란 주사기를 보자마자 나는 몸부림을 치며 끝없이 울어댔다. 바늘은 아프다. 아빠가 나를 꼭 붙잡고 엄마가 나를 진정시키는 사이, 의사는 마침내 내 엉덩이에 주삿바늘을 찔러 넣었다.

지금은 아빠도, 엄마도 없다. 나 혼자 욕실 거울 앞에 서 있다. 부모님을 부를 수도 없다. 내가 하려는 짓을 알면 엄청 화낼 게 틀림없으니까. 분명 오늘 오후에 있을 생일파티에도 못 가게 할 거다.

나는 파티에 가야 한다. 에바, 마리아와 약속했다.

절친들 귀고리를 하고 간다고 약속했다. 두 친구처럼.

그렇게 해야 우리 셋 모두 예쁠 테니까.

오늘은 마리아의 열두 살 생일이다. 마리아는 귀를 뚫어도 된다는 허락을 받아서, 파티 때 할 귀고리를 사러 오빠랑 같이 가기로 했다. 에바는 태어날 때 병원에서 귀를 뚫어서, 어려서부터 귀고리를 해왔다. 하지만 나는 아니다. 엄마 아빠는 나를 아프게 하는 게 싫었고, 비록 내가 커서 귀 뚫는 걸 원한다고 할지라도 허락하지 않을 거라고 했다.

이제 나는 충분히 컸다. 그래서 귀를 뚫기로 마음먹었다. 그래야 귀고리를 할 수 있을 테니까. 뭐, 요 며칠간은 나도 썩 내키지 않았다. 바늘이 너무 무서우니까. 찔리는 건 아프니까.

그런데 지금은 하고 싶다. 우리 반 여자아이들은 대부분 귀고리를 한다. 아직도 귀를 뚫지 않은 여자아이는 나를 포함해 몇 안 된다. 오늘 오후, 나는 다른 여자아이들처럼 예뻐지고 싶다. 게다가 에바와 마리아에게 약속했다. 절친들에게 말이다.

다만, 과연 내가 할 수 있을지 그것이 문제다.

그러나 해야만 한다.

숨을 깊게 들이마시고 거울을 봤다. 시험 삼아 머리카락으로 귀를 가려봤다. 엄마 아빠가 내가 한 짓을 알아채지 못하게. 그래야 파티에 가지 못하는 벌을 안 받을 테니까. 몇 초 뒤 나는 과감히 손끝으로 옷핀 끝을 만져보았다. 그러고는 구급상자에서 알코올솜을 꺼내 핀을 소독했다. 상처가 감염되지 않으려면 그렇게 해야 한다고 에바가 말해줬다. 귀를 뚫기 전에 얼음을 얼마간 대고 있으면 덜 아플 거라고도 했다. 가장 중요한 건 귀를 뚫자마자 그 구멍에 무언가 끼워두는 거라고, 그래야 구멍이 막히지 않을 거라고 강조했다.

나는 마리아가 빌려준 귀고리를 내려다봤다.

은귀고리다. 예쁘다.

오늘 파티 때 마리아가 하고 올 것과 똑같은 귀고리다.

셋까지 센 뒤 나는 숨을 참고, 눈을 감았다. 눈을 감으면 안 된다는 것을 알고 있다. 보지 않고 뚫었다가는 볼이나 다른 곳을 찌를 수도 있다. 그건 최악이다. 생각하기도 싫다. 그러나 눈을 뜨면 나는 감히 이 짓을 못 할 것 같다.

해야만 한다. 마리아와 에바에게 약속했다. 절친들과 한 약속이다. 겁쟁이라 놀림받는 것도 싫고, 비웃음을 사는 것도 싫다. 귀고리를 하고 싶다. 왜냐하면 귀고리는 예쁘고 나를 예쁘게 만들어주니까. 나는 우리 반 다른 여자아이들처럼 예뻐지고 싶다.

팔에 힘을 주고 핀을 귀에 가까이 가져다 댔다. 뾰족한 핀 끝이 귓불을 찔렀고, 이어 따뜻한 무언가가 피부를 타고 흘러내렸다. 귓불에 강하고 기분 나쁜 통증이 밀려왔다. 말벌에 쏘였던 것처럼, 응급실에서 주삿바늘에 찔렸을 때처럼.

눈을 뜨고 거울을 보았다. 예쁘지 않은 여자아이 하나가 내 앞에 서 있었다.

창백하고 겁에 질린 데다 귀는 피로, 뺨은 눈물로 얼룩져 있었다. 붉게 충혈되고, 붓고, 부끄러움이 가득한 눈에서 나온 눈물.

　　뚫은 곳이 아팠다.

　　더 이상 못 하겠다. 도저히 그럴 수 없다.

　　하고 싶지 않다.

　　원하지 않는다면 굳이 그럴 필요도 없다.

운동장의 주인

아구스티나 게레로 그림

모든 것이 바뀐 그날도 여느 날과 다를 바 없이 시작되었다. 우리는 늘 그렇듯이 굴러다니는 것이라면 무엇이든 쫓아 우르르 몰려다니는 패거리들을 피해서 운동장 한구석에 모여 있었다. 과장이 아니라 그 애들은 무엇이든 쫓아다녔다. 공이 없으면 종이뭉치를 테이프로 친친 감아서 공 대신 썼다. 둥근 것이 아니라도 상관없었다. 그들은 음료수 캔이든, 덜 마신 우유갑이든, 끈이 풀려 벗겨진 아이의 신발이든 종류를 가리지 않았다.

우리 여자애들이 축구를 좋아하지 않아서가 아니다. 전혀 그렇지 않다. 가끔은 우리도 축구를 한다. 골을 넣고, 정강이를 걷어차고, 땀을 흘리며 신나게 교실로 돌아온다. 문제는 축구가 아니다. 축구는 꽤나 재미있다(늘 그런 것은 아니지만). 그렇다고 남자아이들이 문제도 아니다(축구라면 정신을 못 차리는 여자아이들도 있고, 공 근처에는 오지도 않는 남자아이들도 있으니까).

사실, 문제는 운동장이었다. 운동장은 딱 축구밖에 할 공간이 없어서, 그것

말고 다른 놀이를 하고 싶어 하는 아이들은 운동장 한 모퉁이나 구석, 수돗가 옆의 축축한 모랫바닥으로 가야 했다. 마치 운동장은 우리의 것이 아닌 것처럼.

이런 현실에 불평이라도 하면, 우리는 울보나 계집애라고 놀림받기 일쑤였다. 운동장을 관리하는 선생님에게 이야기해도 돌아오는 대답은 늘 똑같았다.

"저쪽 모퉁이 하나 더 내주면 되겠니(도대체 무슨 차이가 있다고 그러는 거냐)?"

"축구는 작은 공간에서 할 수 없지만, 너희들이 하는 놀이는 그 정도 공간이면 충분하잖아."

우리는 다시 구석 자리로 돌아와서, 우리가 차지한 공간에서 할 수 있는 놀이에 만족해야 했다.

그날, 4학년 여자아이가 운동장에서 날아온 축구공에 등을 맞아 넘어졌다. 그리 심각한 건 아니었지만, 얼굴과 입술이 땅에 쓸리는 바람에 피가 꽤 많이 났다. 여자아이는 놀라서 울기 시작했다. 그러나 누구도 그 아이를 돌봐주거나 달래주지 않았고, 축구는 계속되었다. 오히려 공에 맞은 여자아이를 비웃고 비난할 뿐이었다.

"누가 그곳에 있으래?"

"우리 시합하는 거 안 보여? 이 바보."

그래서 그날 모든 게 바뀌었다. 우리는 아주 넌덜머리가 났다.

처음에는 누구도 알아채지 못했다. 여느 날처럼 우리는 조용히 움직였으니까. 축구광들은 쉬는 시간 20분을 최대한 즐기기 위해 운동장으로 나갔고, 언제나처럼 운동장의 4분의 3 이상을 차지했다. 운동장 한가운데에 조용히 서 있는 여자아이를 발견하기까지는 오래 걸리지 않았다. 아까 공을 맞은 그 아이였다.

"저리 꺼져. 공으로 한 대 더 맞기 전에."

누군가 말했다.

"덜 아팠나보지?"

누군가 보탰다.

"저리 가. 우리가 여기서 노는 거 안 보여?"

마치 한 사람이 이야기하듯 입을 모았다.

마침내 고함과 협박은 운동장 구석구석에까지 들릴 정도로 커지고 격해졌다. 그러나 그 여자아이는 꿈쩍도 하지 않았다. 주먹을 꼭 쥐고 꿋꿋하게 서서 한 발짝도 움직이지 않았다. 누군가 여자아이를 밀어내려고 했을 때, 다른 여자아이가 와서 조용히 그 아이의 손을 잡았다. 그들은 마치 동상처럼 그 자리에 우뚝 서 있었다. 여자아이는 셋에서 넷, 다섯이 되었다.

남자아이들은 경기를 멈출 수밖에 없었다. 어떤 협박이나 폭력도 운동장 한가운데에 선 여자아이들을 움직일 수 없었기 때문이다. 여자아이들을 밀어내고 다시 축구를 할 수 있도록 축구광들이 선생님들을 데리고 왔을 때, 여자아이들은 다섯이 아니었다. 열 명, 스무 명, 서른 명도 넘는 여자아이들이 조용히 손을 잡고 축구장보다 더 많은 땅을 차지하고 있었다.

모든 것이 바뀐 그날, 운동장 한가운데에 더 이상 축구를 위한 자리는 없었다. 조용히 책을 읽거나 이야기를 나누거나, 놀고 싶어 하는 아이들을 보호하는 여자아이들의 거대한 원이 운동장을 빙 두르고 있었다. 누군가 운동장에서 우리를 밀어내거나 구석진 곳으로 내몰지도 모른다는 걱정 따위는 할 필요가 없었다. 우리더러 운동장의 여왕이라며 비꼬는 아이들에게, 우리는 보란 듯이 금색과 은색 종이로 왕관을 만들어 당당하게 쓰고 번갈아가며 우리를 보호하는 성벽(원)을 지켰다.

그날도,

다음 날도,

그 주 내내 축구는 없었다.

시간이 흐르자 아이들은 축구를 할 수 없다는 사실에 지치고 말았다. 그들은 공을 차고 싶어 좀이 쑤셨지만, 운동장 한가운데를 차지할 수 없었기 때문에 운동장 한구석에 만족해야만 했다. 운동장보다 훨씬 더 불편하지만, 좁은 장소에서도 축구를 할 수 있다는 것도 깨닫게 되었다.

축구광들이 우리를 방해하는 것을 그만두자, 우리는 원의 크기를 조금씩 조금씩 줄였고, 축구를 할 수 있는 공간을 늘려주었다. 정확하게 운동장의 절반이었다. 이제 우리를 보호하는 원은 필요가 없다. 축구를 하는 남자아이들만큼 여자아이들이 있고, 그들은 줄넘기도 축구만큼 재미있다는 것을, 좁은 공간도 나쁘지 않다는 것을 알게 되었다. 그러나 우리는 금빛 종이 왕관 쓰는 것을 그만두지 않았다.

운동장 전체를 누빌 수는 없지만, 우리는 여전히 운동장의 여왕들이기 때문이다.

빨간 엉덩이

아마이아 아라솔라 그림

내 첫 번째 별명은 '털북숭이'였다. 나는 그 별명이 몹시 싫었다.

사라의 이란성 쌍둥이 남동생 하비와 수영장에 갔던 날이었다. 나는 카드 게임에서 크게 이겨 기쁜 나머지 그만 내 다리를 덮고 있던 수건을 떨어뜨린 채 두 팔을 번쩍 들고 잔디에서 펄쩍펄쩍 뛰었다. 하비는 내 다리와 겨드랑이를 가리키며 킬킬대기 시작했다.

"뭐야, 완전 곰이잖아!"

그 덕분에 내 얼굴에서는 승리의 미소가 싹 가시고 말았다. 나는 얼른 팔을 내리고, 수건으로 다리를 가렸다. 그 이후 더 이상 수영장에 들어가지도 않았다.

그날 오후뿐만 아니라 여름 내내.

내가 어떻게 그걸 깜빡했는지 모르겠다. 지난 봄, 옷장을 정리하던 그 주말부터 쭉 걱정해왔던 것이기 때문이다. 그날 나는 내가 거의 10센티미터나 자랐다는 것과, 그래서 지난해 입던 옷들 가운데 맞는 것이 거의 없다는 것, 다리에 난

금빛 솜털들이 진해져서 내 하얀 피부에서 꽤나 도드라져 보인다는 것을 알게 되었다.

나는 서랍장에서 스웨터와 긴팔 티셔츠를 꺼내놓고, 반바지와 민소매 옷 같은 여름옷들을 가지러 옷방에 갔다. 그러고는 엄마 아빠에게 올해부터는 면도를 해야겠다고 소심하게 말했다. 아빠는 내가 보이지도 않는 털에 대해 이야기한다는 듯 안경을 코 위로 올리며 마치 탐정 같은 표정을 지었다. 엄마는 내 이마에 뽀뽀를 해주며 원하는 대로 하라고 했지만, 면도까지는 하지 않아도 될 거라고, 수영장에서 햇볕에 그을리면 별로 티가 나지 않을 거라고 했다.

나는 엄마를 믿고 싶었다. 왁싱을 하거나 제모기로 털을 한 가닥 한 가닥 뽑아대는 건 무척 아플 것 같았으니까. 그러나 부모님의 예상은 빗나갔다. 털은 더 진해졌을 뿐만 아니라, 겨드랑이에 자라기 시작한 곱슬곱슬한 짧은 털 뭉치들을 감추느라 긴 소매와 긴 바지를 입고 다닌 덕분에 내 피부는 이전보다 더 하얘지고 말았다.

털북숭이. 이 별명은 여름이 지나면 없어질 거라고 생각했다. 그러나 그건 9월까지 계속 살아남았고, 심지어 중학교 첫 학기까지 나를 따라다녔다. 나는 온 힘을 다해 그 별명을 떨쳐내고 싶었다. 물론 그것을 대신할 별명이 무엇인지 미리 알았다면, 세상 어떤 것과도 바꾸지 않았을 것이다.

"빨간 엉덩이!"

교실 끝에서 누군가 외치는 소리를 들었다. 속이 메스꺼워서 쉬는 시간에 화장실에 가려고 자리에서 막 일어나던 참이었다. 뒤를 돌아보니 청바지 엉덩이 부분이 피로 얼룩져 있었다.

"악, 더러워."

나는 와락 울음을 터뜨렸다.

"칠칠맞지 못하기는."

나는 부끄러워서 화장실로 도망쳤다. 웃음소리는 계속 나를 따라왔다.

빨간 엉덩이.

학교에는 나 말고도 생리를 시작한 아이들이 꽤 있었다. 쉬는 시간, 여자아이들은 놀림거리가 되는 걸 피하려고 생리대와 탐폰을 샌드위치인 양 알루미늄 포일로 싸서 몰래 주고받곤 했다. 그래도 생리 때문에 반 아이들을 놀라게 한 건 나밖에 없었다. 게다가 나는 갈아입을 옷도 없었다. 사라가 생리대를 가져다주고, 비누로 핏자국 지우는 걸 도와주고, 엉덩이를 가릴 수 있게 허리에 묶을 티셔츠도 빌려줬지만, 그 별명은 나를 하루 종일 따라다녔다. 한 주일 내내. 한 달 내내.

빨간 엉덩이.

나는 생리가 있을 때마다 그 일이 반복될 것 같은 두려움에 사로잡혔고, 정말로 아파서 나흘이나 닷새 정도 학교를 결석해야 했다.

스스로 나를 강제로 가두며 지내던 어느 날, 사라가 나를 보러 왔다.

"일어나." 사라가 말했다.

나는 이불을 머리끝까지 덮어쓰고 몸을 웅크렸다. 사라는 침대 끝에 앉아서 나를 이불 밖으로 끌어냈다.

"병 걸린 것도 아닌데 생리한다고 이렇게 싸매고 누워 있냐. 산책을 나가든지, 영화를 보든지, 뭔가 기분 전환할 만한 걸 하자."

나를 아프게 했던 건 생리가 아니라 수치심이었다. 다른 아이들의 비웃음이었다. 사라는 그걸 알고 있었고, 나를 집에서 끌어내기 위해 적당히 걸칠 만한 옷을 찾으면서 말했다.

"네가 스스로 웃는 법을 배우지 않는다면, 애들은 계속 널 비웃을 거야."

그날 저녁, 우리는 영화를 보고 아이스크림을 먹었다. 하비가 뚱땡이라고 놀린다 해도, 나는 그에 아랑곳하지도 않았고 단 1초도 걱정하지 않았다. 이렇게 하루도 더 집에 갇혀 있고 싶지 않았다. 나를 부끄럽게 여기고 싶지도 않았다.

나는 다음 날 물감으로 잔뜩 얼룩을 만든 낡은 청바지를 입고 학교에 갔다. 마치 물감을 뿌려 그린 작품 같았다. 꽤나 멋져 보였는지, 몇몇은 바지를 어디에서 샀냐고 묻기까지 했다.

"어이, 빨간 엉덩이! 그 광대 바지 멋진데!"

하비의 환영 인사였다.

나는 하비의 눈을 빤히 쳐다보면서 아주 천천히 뒤돌아선 다음, 내 허리에 두르고 있던 스웨터를 풀었다. 그러고는 내 양쪽 엉덩이에 걸쳐진, 커다랗고 빨갛고 반짝이 장식까지 한 얼룩을 보여줬다. 내가 다시 뒤돌아섰을 때 하비의 얼굴은 내 엉덩이의 얼룩만큼이나 새빨개져 있었다.

"내 별명은 이제 네가 빌려가야겠는걸."

나는 하비의 눈을 똑바로 쳐다보며 웃었다.

빨간 엉덩이.

나는 큰 소리로 웃음을 터뜨렸고, 다른 아이들도 마찬가지였다. 그날 이후로 하비를 비롯해 어느 누구도 다시는 나를 놀리지 않았다. 그렇게 했다가는 오히려 모두의 비웃음을 감수해야 할 테니까.

부끄러움은 놀림당하는 자가 아니라 놀리는 자의 몫이니까.

23

미스터리 사건 해결

레이디 데시디아 그림

내가 탐정으로 첫발을 내딛는 날은 어느 비 오는 밤일 것이라고 늘 상상해왔다. 베이지색 바바리코트를 입고 펠트 모자를 깊숙이 눌러 쓴 채로 어두컴컴한 사무실에 앉아, 사건을 의뢰하기 위해 애타게 나를 찾는 누군가를 기다리면서 말이다.

그러나 이 일은 예고도 없이 어느 월요일 환한 대낮에 일어나고 말았다. 대학 연극반의 상연작인 〈맥컬런 탐정의 깊고 어두운 밤〉의 오디션장에서. 무표정한 어떤 여자가 빨간 대본을 내 손에 쥐여주자마자 나는 깨달았다. 내가 사건을 선택한 것이 아니라, 사건이 나를 선택했다는 것을.

"실례합니다만, 잘못 주신 것 같은데요."

나는 대본을 넘겨보며 말했다.

대본에는 맥컬런 탐정이 구출해내는 여자와 연인, 유괴된 여자아이가 등장하는 장면만 있었다. 버려진 시체가 있다는 간략한 배경 설명과 함께. 감독은 내가 받은 대본을 보고는 잘못 준 것이 아니라고, 그게 내가 선택할 수 있는 대본이라고 했다.

"저는 맥컬런 탐정 역할의 오디션을 보러 왔는데요."

내가 분명히 밝혔다.

그는 나를 흘끗 보더니 답했다.

"글쎄요. 당신은 맥컬런 탐정 역을 맡을 수 없어요."

탕, 탕. 그의 말은 매그넘 45 권총에서 발사된 총알 두 발처럼 내 가슴에 느닷없이 날아와 박혔다.

왜 나는 맥컬런 탐정 역을 맡을 수 없다는 걸까? 이해가 되지 않았다. 그러나 감독은 더 이상 질문에 답할 생각이 없어 보였다. 그러니 내 주특기를 발휘하는 수밖에. 차례를 기다리는 동안, 나는 맥컬런 탐정 역에 지원한 사람들을 낱낱이 살폈다. 지원자 총 열 명 가운데 여덟은 나와 같은 단과대에 다니는 학생이었고, 나머지 둘은 처음 보는 사람들이었다. 금발이 셋, 밤색 머리칼이 둘, 흑발이 다섯, 빨간 머리는 없었다. 넷은 곱슬머리였고, 둘은 직모, 셋은 짧은 머리, 하나는 모자를 썼다. 아홉은 반바지를, 하나만 긴 바지를 입었다. 여섯은 키가 컸고, 둘은 보통이었으며, 나머지 둘은 작았다. 셋은 꽤 뚱뚱했고, 나머지 일곱은 비교적 날씬했다. 모두 팔은 두 개, 다리는 두 개, 머리는 하나씩이었다. 외모의 제한은 없는 듯 보였다.

그렇다면 왜 내가 맥컬런 탐정이 될 수 없다는 걸까?

조금 전 감독의 입장은 매우 단호했다. 그렇다면 틀림없이 내가 무언가 중요한 것을 놓치고 있다는 얘기였다. 명탐정은 놓치는 것이 없어야 하는 법. 단서는 이곳에 분명히 있을 터였다. 나는 지원자 모두의 오디션을 좀 더 꼼꼼히 관찰했다. 그 결과 아무도 연극 수업을 들은 이가 없으며, 특별히 연기를 잘하는 사람도 없다고 결론 내렸다.

나는 보름달이 뜨는 밤의 늑대처럼 귀를 쫑긋 세우고 그들의 대사를 들었고, 그들 중 일곱은 그 역에 관심조차 없다고 판단했다. 저들이 이곳에 온 건 그저 학점이나 올려보려는 알량한 수작일 뿐. 그 일곱 중 셋은 누아르 영화를 본 적이 없고, 다섯은 맥컬런 탐정이 나오는 책이나 영화도 본 적이 없으며, 셋은 그들이 연기해야 할 탐정 맥컬런이 누구인지조차 알지 못했다. 그들은 잔뜩 긴장한 채 초록 대본을 꽉 쥐고는 대사마다 더듬거렸다. 결국 저 신사분들은 눈부신 재능 때문에 탐정 역 오디션을 보는 것도 아니었다. 그렇다면 도대체 내가 왜 맥컬런 탐정 역을 맡을 수 없다는 걸까?

　이건 쉽지 않은 사건이었다. 그런대로 다행인 것은 나도 쉽지 않은 여자라는 것이다.

　"빨간 대본 23쪽을 펴세요."

　책상 앞에 앉아 있는 감독이 내게 말했다.

　"탐정의 아내 역을 연기해보세요. 그럼 내가 상대역의 대사를 맞춰줄게요. 자, 하나, 둘……."

　감독이 설명하는 동안, 나는 책상 위에 발을 올리고, 소품으로 준비한 바바리코트를 입고, 눈을 가릴 만큼 모자를 깊숙이 눌러 썼다. 대본은 펼치지도 않았다. 필요가 없었으니까. 나는 이미 다 외우고 있었다.

　"나는 사립 탐정이오. 내 사무실 문에 써 있듯이, 만약 당신에게 어떤……."

　오디션장에 있던 모든 사람들이 박수를 치기 시작했다. 그러나 모두가 같은 마음은 아니었던 것 같다. 감독은 내 대사를 자르지는 않았지만, 상대역의 대사를 하지는 않았다.

　"아주 훌륭해. 잘했어요."

　감독은 마지막에 마지못해 박수를 치며 말했다.

"하지만……."

"하지만…… 맥컬런 탐정 역은 할 수 없단 말이죠?"

나는 웃었다. 그는 복잡한 퍼즐의 잃어버린 마지막 조각을 내게 찾아주었다.

"저는 맥컬런 탐정 역을 맡을 수 없어요. 제가 받은 건 여자 역할만 있는 빨간 대본이니까요. 탐정 역을 맡으려면 제 대본은 남자 역할이 있는 초록색이어야겠지요."

감독은 만족스러운 미소를 지으며 눈을 반쯤 감았다. 아, 이제야 확실히 알겠다. 나는 의자에서 일어나 무대에서 내려오기 전에, 모자 깃에 끼워놓은 명함 한 장을 남겼다.

"저를 뽑지 않기로 한 결정은 이해합니다."

코트 단추를 채우며 큰 소리로 말했다.

"하지만 미스터리를 풀려면 탐정이 필요하지 않을까요?"

"미스터리라니요?"

그는 호기심에 가득한 표정으로 나에게 되물었다.

"왜 주인공 역에 훌륭한 여자 배우 대신 평범한 남자 배우를 선발해야 하는지에 대한 미스터리 말이에요."

나는 바바리코트의 깃을 세우고, 모자 깃에 손가락을 올려 작별 인사를 했다.

사람들의 박수갈채를 뒤로한 채 오디션장을 빠져나오며 느꼈다. 사건이 해결되었을 때 맛보는 개운함을.

보이지 않는 여자아이

나랑할리닷 그림

말로 설명하는 법을 몰랐을 때, 나는 그림으로 표현하려고 했다.

발까지 내려오는 긴 치마를 입고 머리를 길게 늘어뜨린 여자아이 그림으로 종이를 가득 채웠다.

"우아, 엄청 예쁜데? 누구야?"

엄마 아빠는 내 유일한 표현 수단인 색색의 얼룩들을 보며 물었다.

이 그림이 내 초상화라고 설명하고 싶어서 나를 가리켰지만, 부모님은 알아차리지 못했다.

"어떤 이야기 속 공주님일까?"

설명할 길이 없어 그림을 바닥에 내동댕이치고 화를 냈다. 그럴 때마다 엄마 아빠는 나를 걱정스러운 눈길로 바라볼 뿐이었다. 부모님은 나를 이해하려고 노력은 했지만, 결국 그러지 못했다. 그즈음 내 그림에서 보이지 않는 여자아이를 본 이는 아무도 없었다.

나는 그림 그리기를 멈추고 말하기 시작했다.

내 입에서 나온 첫마디는 '엄마'나 '아빠', '응'이나 '아니', 또는 '물'이 아니었다. 이 낱말들은 보통 아이들이 말하기 시작할 때 내뱉는 것들이다. 그러나 그 아이는 평범한 여자아이가 아니었다. 보이지 않는 여자아이였기 때문에 다른 말로 설명해야만 했다.

"여자아이, 여자아이."

나는 온종일 거울을 가리키며 이렇게 반복했다.

"어떤 여자아이? 여기 여자아이는 없는데. 엄마랑 아빠랑 우리 아기뿐인데."

부모님은 보이지 않는 여자아이를 찾아 두리번거리며 말하곤 했다.

"여자아이, 여자아이."

부모님은 나와 나란히 거울 앞에 앉았다. 나를 껴안고 내 몸 구석구석을 가리키며, 왜 내가 여자아이가 아닌지 설명하려 했다. 내게 입 맞추며 나를 사랑한다고 말했다. 그러나 내가 바라는 것은 설명도, 뽀뽀도, 포옹도 아니었다. 나는 그저 누구든 보이지 않는 여자아이를 봐주기를 바랄 뿐이었다.

나는 더 이상 말을 하지 않고 울기 시작했다.

끊임없이 울었다. 나는 꽤 긴 머리를 하고 다녔다. 그건 미용실에서 어찌나 악을 쓰며 울부짖었는지 미용사들이 내가 다칠까봐 머리를 자르지 못했기 때문이다. 머리를 기르는 대신 엄마 아빠는 내게 머리를 풀지 말고 묶게 했다.

옷을 사러 갈 때마다 가게 바닥에 드러누워 얼굴이 붓고 목이 쉴 때까지 울었다. 부모님이 내가 좋아하는 옷을 고르지 못하게 했기 때문이다. 보이지 않는 여자아이가 존재를 드러낼 수 있게 할 옷들 말이다.

울어도 소용이 없자 소리를 지르기 시작했다.

시도 때도 없이 소리를 질렀다. 식당에서도 소리를 질렀다. 모든 것이 내 속을 울렁거리게 했다. 엄마 아빠가 내게 장난감을 집어줄 때도, 공원에서 그네를 탈 때도 소리를 질렀다. 목욕할 때도, 자기 전 이야기를 들을 때도 소리를 질렀다. 내가 소리를 지르면 부모님은 할머니 집에 갈 때 입고 가자며 선물해준 예쁜 셔츠를 입혀주었다. 엄마 아빠가 나를 진정시키려고 안아줄 때도 소리를 질렀고, 달랠 방법을 몰라 나를 혼자 내버려둘 때도 소리를 질렀다. 꿈에서도 소리를 질렀고, 깨어날 때도 소리를 질렀다.

그러나 가장 심하게 소리를 질렀던 때는 학교에서 놀 때였다. 아이들은 한 번도 본 적이 없는 동방박사나 산타클로스, 이빨 요정은 믿으면서, 자신들 눈앞에 있는 보이지 않는 여자아이는 믿지 않으려 했다. 쉬는 시간에 여자아이들과 어울려 놀고 싶었지만 그 애들은 늘 나를 남자아이들에게 돌려보냈다. 엄마 아빠 놀이를 할 수 있는 인형을 가져왔을 때만 함께 놀아주었다. 내게 아빠 역할을 시키기 위해서.

"나도 엄마 할 수 있는데."

나는 몇 번을 부탁했다.

"넌 엄마 하면 안 돼."

어느 날 가장 예쁜 인형을 가진 여자아이가 말했다.

"넌 고추가 있잖아. 엄마들은 고추가 없다고."

나는 소리를 지르고, 지르고, 또 질렀다. 그 애들 역시 보이지 않는 여자아이를 믿지 않았기 때문이다.

나를 설명하기 위해서 소리 지르고, 울고, 말하고, 그리는 것에도 지쳤을 무렵, 나는 그들이 옳을지도 모른다고 믿기 시작했다. 보이지 않는 여자아이가 내 상상 속에서만 존재한다면, 나는 보이는 여자아이가 되겠다고 결심했다.

어느 날, 부모님이 거실에서 텔레비전 보는 틈을 타서, 나는 누나의 원피스와 립스틱을 들고 욕실로 숨어들었다. 머리를 풀고 내가 좋아하는 대로 보이게 빗었다. 그러고는 할머니가 생일에 선물해준 셔츠를 벗고, 원피스로 갈아입었다. 거울 앞에 서서 입술도 칠했다. 무척 예뻤다. 아가씨 같았다. 그러나 그렇게 보이기만 했다. 내가 그걸 없애버리지 않는 한 누구도 나를 여자로 여기지 않을 테니까.

"아들아, 이게 대체 무슨 일이니. 왜 그런 차림을 하고 있어?"

문 잠그는 걸 깜빡했다. 엄마 아빠가 이상한 눈으로 나를 쳐다보고 있었다.

"언제 없어질까요?"

몸서리치게 싫은 팬티 속 성기를 가리키며 물었다.

"이게 없어지면, 보이지 않는 여자아이를 볼 수 있을까요?"

내가 그렇게 말하자마자 엄마 아빠의 얼굴이 일그러졌다. 그러더니 다가와서 나를 부둥켜안고 흐느끼기 시작했다.

"네 모습 그대로 멋져."

엄마 아빠는 힘주어 말했다.

그때 나는 보았다. 내가 그림으로, 말로, 울음으로, 비명으로는 설명할 수 없었던 것을 부모님이 마침내 이해했다는 것을요.

"이제 보이세요? 그 여자아이가 보여요?"

"그래. 이제 보여. 지금 보고 있단다."

숨은 여성 찾기

라우라 아구스티 그림

학생들은 체험학습이 따분하다고 늘 불평이었다. 물론 그건 사실이 아니었다. 보호자 동의서를 나눠줄 때마다 내가 보는 얼굴들은 기대에 가득 차 있으니까. 아이들은 어디로 가는지, 그곳이 어떤 곳인지조차 읽지 않는다. 일상을 벗어난다는 것만으로도 그들에게는 만족스럽기 짝이 없다. 아이들은 떠나기 며칠 전부터 들떠서 뭘 입을지, 차에서 누구와 앉을지, 좋아하는 남자애 혹은 여자애에게 언제 고백할지를 생각하기 바빴다.

떠나는 날이 되어서야 그들은 박물관에서 미술 작품과 수천 년이 된 화석, 이해할 수 없는 발명품을 감상한다는 사실을 깨닫는다. 그 순간 부푼 마음은 순식간에 사그라지고, 아이들은 모든 것에 흥미를 잃고 시무룩한 얼굴로 변해서 걸어다니는 박물관이 되어버리고 만다.

"여성들을 찾아봐."

나는 미술관에 들어가기 직전에 학생들에게 말했다.

"연애 상대를 찾아보라고요?"

누군가 웃었다.

"미술 작품 속에 있는 여성들을 찾으라고."

나는 다시 한 번 설명했다.

"찾으면요?"

나는 우쭐대는 남학생들을 나무랐다.

"자자, 집중. 찾아봐. 일단 시작하면 아마 멈출 수 없을 거다."

아이들은 하루 온종일 전시장 구석구석을 돌아다니며 그림을 비롯해 전시품들을 샅샅이 살폈다. 지루한 표정도 불평도 없었던 최초의 체험학습이 끝날 무렵, 아이들은 임무를 끝낸 결과를 알려왔다.

"그래, 뭘 찾았니?"

내가 물었다.

"선사시대 여자들의 가슴은 모두 퉁퉁하고 엄청 컸어요."

누군가의 말에 웃음이 터져 나왔다.

"고대 그리스 여자들은 반쯤 벗고 있고요."

다른 아이가 설명했다.

"중세 시대 여자는 대부분 성모나 성녀였어요."

또 다른 학생이 덧붙였다.

"여자들은 그림의 주인공일지언정, 그림을 그리는 사람은 아니었어요."

반에서 조용하기로 손꼽히는 여학생 하나가 말했다.

"여자 건축가도, 여자 조각가도, 여자 화가도 없었어요."

다른 여학생이 강조했다.

"그림 속 여자들은 숨 쉬기도 힘든 코르셋을 입어야 했어요."

또 다른 여학생이 지적했다.

"그림 속 여신은 누드지만, 일반 여성은 목부터 발목까지 옷에 꽁꽁 싸여 있었어요."

네 번째 여학생이 말을 맺었다.

그날 미술관에서 발견한 것들은 아이들에게 무척이나 많은 생각거리를 안겨주었다. 교무회의에서 두 번째 체험학습을 계획하기 시작했을 때, 나는 역사박물관을 방문하자고 제안했다.

"여성들을 찾아봐."

나는 다시 한 번 학생들에게 말했다. 이번에는 우스갯소리도, 저항도 없었다. 모두 그 임무를 진지하게 받아들였다.

모든 전시장을 다 돌고 나서 학생들은 사냥터나 전쟁터에서는 여성들을 찾을 수 없었다고 했다. 여성들은 아기를 돌보거나 수확하거나 집안일을 하는 모습만 있었고 나라를 다스리거나 군대를 이끄는 모습은 없었다고, 여왕이 몇 있었지만 그들은 아버지나 남자 형제나 남편이 왕이 될 수 없었을 때 그 자리를 대신했다고, 그리고 다른 몇몇은 왕좌에 앉고 나서 미쳐버렸다고 했다. 또한, 똑똑한 여성들은 마녀로 내몰렸고, 혁명을 일으킨 몇몇 여성은 단두대에서 처형을 당하거나 화형당했다고, 여성들이 투표권을 가지기까지 오랜 시간이 걸렸다고, 지금은 여성도 전쟁에 참여하고 더 이상 육아와 가사에만 역할이 한정되지 않는다고, 나라를 이끄는 여성도 있지만 아직 많은 수는 아니라고도 했다.

세 번째 체험학습 장소는 과학박물관이었고, 나는 더 이상 설명할 필요가 없었다. 아이들은 스스로 박물관 속 여성들을 찾아 나섰다.

아이들은 바퀴나 주판을 발명하고 수학이나 철학을 논하며, 생물 종을 분류하는 등의 학문 분야에서 여성들을 찾을 수 없었다고 했다. 여행이나 탐험 또는 모험을 한 여성도 찾을 수 없었고, 학교나 대학에서 여성들을 볼 수 있기까지는 시간이 꽤 걸렸고, 많은 사람이 여성은 남성보다 덜 똑똑하다고 생각했다는 것을, 남자 형제들의 교육에 투자하는 것이 더 좋은 일이라고 생각했다는 것을 아이들은 알게 되었다. 과학계에서 여성이 차지하는 비율은 50명 중 1명 꼴인데 그들은 무척 외로웠다는 것도, 지금은 그 수가 늘었지만 그들이 목소리를 내는 일과 그들의 말에 귀 기울이게 하는 일에 여전히 희생이 따른다는 것도, 여자 의사보다는 여자 간호사가 많고, 여자 기술자보다는 여자 교수가 많고, 여자 사장보다는 여자 비서가 많고, 여자 사상가보다는 여자 상담자가 많다는 것도 알게 되었다.

체험학습은 끝났지만 학생들은 숨은 여성 찾기를 멈추지 않았다. 도서관에 꽂힌 책의 판권면에서도 찾았다. 오랜 시간 동안 읽고 쓰는 법을 배우는 것이 여성들에게는 중요하지 않다고 여겨졌기 때문에, 책에 이름을 올린 여성들이 많지 않다는 것을 아이들은 깨달았다. 마침내 여성들이 글을 쓰기 시작했을 때, 그들의 작품은 남성 동료들의 작품에 밀려났다는 것, 사회적으로 인정받기 위해 남성의 이름이나 이니셜 몇 개에 자신의 이름을 숨겨야 했다는 것도 알게 되었다. 여성들이 쓴 작품을 모두 모아도 도서관 한 귀퉁이밖에 채울 수 없다는 것도.

아이들은 여기서 멈추지 않았다. 교과서, 신문, 뉴스, 유행가와 비디오 게임, 영화와 드라마 그리고 책에서도 숨은 여성 찾기를 계속했다.

이제 여성들이 어디에 있는지 알고 싶어 하고, 그들의 부재를 아쉬워하는 것은 학생들이다.

41

후회하지 않아!

엘레나 판코르보 그림

어슴푸레한 하늘을 수놓은 붉은빛 노을. 그의 창문으로 보이는, 마침 내 창문에서도 보이는, 해 질 녘 하늘이 마법처럼 사진에 담겨 있었다. 그렇게 모든 게 시작되었다. SNS에 올라온, 나를 사로잡은 사진 한 장, 무척 익숙한 장소, 사진을 찍은 사람에게 보낸 첫 번째 개인 메시지. 답장이 올 것이라 기대하지 않았는데 남자아이는 내게 답을 보냈다. 나는 다시 답을 보냈고, 휴대전화 화면은 밤새 주고받은 메시지로 가득 찼다.

나는 곧 무척 후회했다. 나는 오로지 '남친'만 생각했었다. 내가 다른 남자와 이야기했다는 것을 알면, 남친은 어떻게 반응할까? 남자아이와 나는 그저 갖고 있는 풍경 사진이나, 좋아하는 사진작가, 영감을 주는 SNS 사용자들 이야기를 나눴을 뿐인데. 그게 다인데. 그러나 내 남친은 그걸 배신이라고 생각하고 내게 말할 것이다.

'넌 최악이야. 일부러 그런 거지? 나를 괴롭히려고. 나를 우습게 만들려고.

도대체 뭐가 부족해서 나 말고 다른 사람들이랑 이야기를 하는 거야?'

그가 나에게 부족해서 그런 것은 아니다. 나는 그저 내 취미나 관심사를 흥미로워하는 사람과 이야기하는 게 좋을 뿐이었다. 화면 저편의 낯선 이에게 내 사진은 아름다운 것이었고, 내 취미는 흥미로운 것이었다. 그러나 남친은 늘 나를 비평했고, 내가 잘못한 것을 상기시켰고, 내 인생에 자신이 없었다면 나는 아무것도 아니라는 것을 끊임없이 강조했다.

나는 남친이 보기 전에 남자아이와 주고받은 메시지를 모두 지웠다. 그가 가끔 내 휴대전화를 엿보기 때문이다. 물론 나를 좋아하기 때문에 그렇게 한다고 생각했다. 나를 잃는 게 두려워서. 그는 늘 말한다.

'너 없이는 살 수 없어. 언제까지나 내 곁에 있었으면 좋겠어.'

그런 메시지가 수천 개나 된다. 고백의 말을 들을 때마다, 고백의 메시지를 읽을 때마다 나는 가슴이 벅차서 소름이 돋고 심장이 쿵쾅댔다. 이렇게 멋진 사람이 내가 항상 자신의 것이기를 바라고 나를 중요하게 여겨주다니. 적어도 지금까지는 늘 그래 왔었다. 하지만 그날, 그 남자아이와 주고받은 메시지를 차례로 지우면서 나는 부끄러웠고, 울었고, 구토가 밀려왔다.

아침에 학교에서 친구들에게 새로 알게 된 남자아이 이야기를 꺼냈다. 물론 그전에 남친이 가까이 없는지부터 확인하고 나서. 남친은 늘 이렇게 말했다.

'걔들은 나를 싫어해. 우리를 싸우게 만들어. 왜 그 여자애들이랑 계속 만나는 거야. 이제 내가 있잖아.'

최근에는 남친과 함께 있는 게 좋기도 하고, 그가 이런 일로 화내는 게 싫어서 친구들을 자주 만나지 않았다. 그러나 그날은 이들과 이야기해야만 했다.

"네 남친은 뭘 그렇게 구니. 정상이 아니야." 한 친구가 말했다.

"넌 아무 잘못 없어." 다른 친구가 내 편을 들었다.

"네가 좋아하고 원하는 사람들과 얼마든지 이야기 나눌 수 있어야 해."

"질투를 한다는 건 너를 더 이상 좋아하지 않는다는 거야. 네 남친은 자신을 위해서만 존재하는 너를 좋아할 뿐이야."

다른 두 친구도 충고해주었다.

"우리는 네가 그리워." 네 친구가 입을 모아 말했다.

그때 복도 저편에서 나와 친구들에게 화난 표정으로 걸어오는 남친이 보였다. 나는 얼른 친구들과 떨어졌다.

'너를 너무 좋아해서 잠시 정신이 나갔었나봐.'

그는 화낸 뒤에 매번 이런 이유를 댔다. 나를 그렇게나 좋아해준다는 사실이 좋았다. 이런 말은 나를 유일하고 특별한 사람으로 느끼게 해주었다. 그러나 그날은 달랐다. 그가 그렇게 말했을 때, 나는 공포를 느꼈다.

밤이 되자 나는 다시 남자아이에게 메시지를 보냈다. 그다음 날도. 그다음 날에도. 우리는 잘 맞았다. 좋아하는 것이 비슷해서, 몇 시간이고 이야기하며 시간을 보냈다. 나를 원망하거나 비난한 적은 한 번도 없었다. 그러나 다음 날 아침이면 나는 후회하며 대화를 지우고, 남친에게 돌아갔다. 그의 곁으로. 그의 달콤한 말을 들으러. 하지만 그 뒤에 따라오는 그의 비난과 무서운 얼굴. 질투 어린 공격에 몸은 움츠러들고 말문은 막혔다.

그날 오후, 거리에서 친구들과 함께 스마트폰을 보면서 웃고 있는 남자아이를 보았다. 나는 그 아이와 이야기를 나누고 싶었다. 그러나 후회할 게 뻔했다.

'누구야? 그 자식에 대해 뭘 알고 있어? 왜 그 자식이랑 이야기한 거야? 사람들 앞에서 나를 우습게 만들고 싶은 거지? 이게 네가 원하는 거야? 내가 기분 나빠지는 거? 너는 내 생각이라고는 눈곱만큼도 안 하는 이기주의자야!'

남친이 입을 열기도 전에 환청이 들려왔다. 이를 꽉 물고 얼굴을 붉히기도 전에, 내 손목을 움켜쥐고 나를 아프게 하기도 전에, 나는 이미 무슨 일이 일어날지 잘 알고 있었다. 내가 후회하리라는 것도.

그러나 나도 똑같이 했다. 그 남자아이에게 인사하러 가기 위해서 남친의 손을 단호하게 뿌리쳤다.

"어디 가는 거야?"

남친이 나를 따라오며 소리쳤다.

나는 몸을 반쯤 돌려 남친에게 멈추라고 손짓했다.

"저 아이와 이야기하러. 내 친구거든."

나는 남친을 빤히 바라보며 그 아이를 가리켰다. 남친의 낯빛이 변했지만 나는 돌아가지 않았다. 남친은 내게 뭐라고 잔소리를 했지만 나는 그걸 가만히 듣고 싶지 않았다. 나는 혼자서 갔다. 앞만 바라보고, 고개를 절레절레 흔들며, 남친에게서 등을 돌리고 계속 걸어갔다.

"너, 후회하게 될 거야."

등 뒤에서 중얼거리는 소리가 들려왔다. 주먹을 꽉 움켜쥐고, 분노를 참지 못하는 그의 모습이 그려졌다.

가까이 다가가자 남자아이가 내게 괜찮냐고 물었다. 나를 알아봤을 때는 미소를 지었지만 지금은 걱정 어린 눈빛이다.

나는 뒤돌아보지 않고 웃으며 괜찮다고 답했다.

정말 괜찮았다. 후회할 거라고 생각했지만 그렇지 않았다.

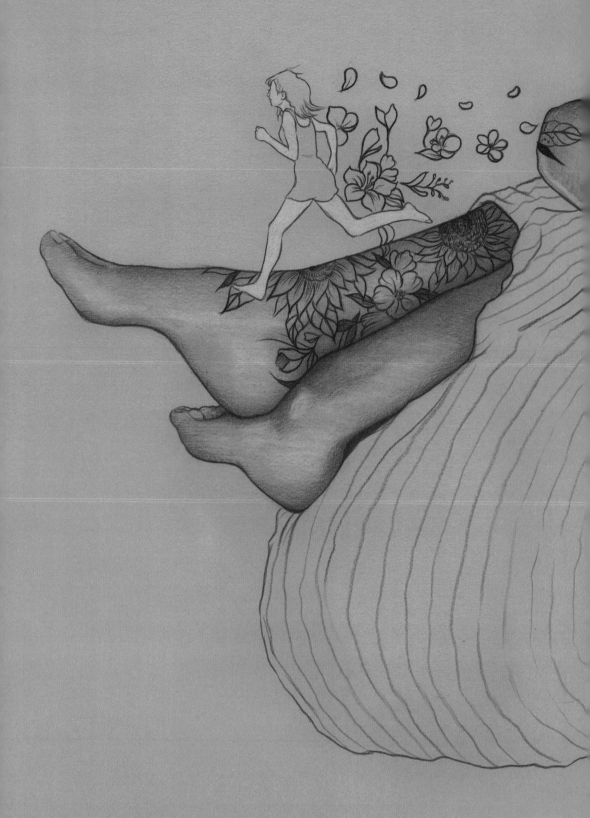

딸, 너에게 배웠어

마리아 에세 그림

네가 아직 내 안에 있을 때, 이름도 없던 그때, 엄마는 네가 남자아이일 거라고 확신했어. 초음파 촬영을 하면서 어떤 이름을 지어줄까 생각하고 있었는데, 네가 어찌나 움직여대는지 의사 선생님은 내 예상이 맞는지 아닌지 말해줄 수가 없었지. 좁고 작아진 내 배에서 네가 세상에 나오던 날, 너의 튼튼한 폐에서 터져 나온 우렁찬 울음소리를 처음 듣던 날, 작디작은 네 두 손으로 내 손가락을 꽉 붙드는 걸 보았던 날, 엄마는 네가 무척 씩씩한 사내아이라고 생각했단다. 여자아이는 조용하고, 참을성 있고, 차분하다고 생각했거든.

곧 그것이 착각이라는 것을 알게 되었지. 너에게 배웠단다. 여자아이도 시끄럽고, 흥분 잘하고, 성질이 급하다는 걸.

내 품에 안겨야만 울음을 그치던 그 시절, 엄마는 너의 까만 머리카락을 어루만지면서 네가 어떤 여자로 자랄지 상상했어. 너는 옛날이야기 속 공주님처럼 머리를 길게 길러 늘어뜨릴 거고, 나는 네가 늘 예쁘고 멋지게 보이도록 머리를 빗어주고, 땋아주고, 리본과 핀으로 묶어주면서 시간을 보낼 거라고 상상했지. 여자아이는 화려한 걸 좋아하고, 멋 부리기 좋아하고, 뽐내기 좋아한다고 생각했거든.

그러나 네 머리카락이 자라기 시작하자, 너는 머리를 감을 때마다 울고, 나는 엉킨 머리카락을 풀어야 했어. 놀다가 땀이 나면 얼굴에 머리카락이 달라붙는다고, 앞머리가 눈을 가려 중요한 것이 안 보인다고, 머리 땋을 때 시간이 많이 걸린다고 너는 불평했지. 게다가 놀 시간이 부족하니까 머리 빗는 일로 시간을 낭비할 수 없다며 머리를 짧게 잘라달라고 했고. 그나마도 나는 네 뒤를 따라 온 집 안을 쫓아다니며 머리를 빗겨줘야 했지.

그렇게 엄마는 너에게 배웠어. 여자아이도 꾸밈없고, 털털하고, 수수하다는 걸.

네가 자라서 더 이상 요람에서 잘 수 없게 되었을 때, 엄마는 너만의 방을 준비했어. 예쁜 바비 인형과 귀여운 곰 인형들로 네 방을 가득 채웠지. 음식과 접시, 숟가락과 포크가 있는 주방놀이 장난감도 샀단다. 네 작은 주방에서 맛있는 음식들을 함께 만들고, 설거지하는 법을 알려주고, 인형들이 너의 아기인 양 유모차에 태워 산책하는 것을 돕는 상상을 했어. 여자아이는 다정하고, 세심하고, 살림꾼이라고 생각했거든.

그러나 너는 공원에서 다른 아이들과 대결할 수 있는 로봇, 성을 쌓을 수 있는 블록, 복도를 마구 달릴 수 있는 자전거, 동물 인형들을 치료할 수 있는 병원놀이 가방, 탐정놀이를 할 수 있는 돋보기와 파이프를 더 좋아했지.

그래, 엄마는 너에게 배웠어. 여자아이도 씩씩하고, 대담하고, 호기심이 많다는 것을.

네가 좋아할 거라고 생각하는 옷들을 고르느라 엄마는 옷가게에서 오래도록 시간을 보냈어. 겨울 치마, 여름 치마, 단추 달린 치마, 지퍼 달린 치마, 버클 달린 치마, 찍찍이 달린 치마. 프릴 달린 셔츠, 반짝이 달린 재킷, 스팽글 장식 블라우스, 갖가지 색과 갖가지 옷감의 원피스들, 그리고 그 모든 옷에 어울리는 수십 개의 타이즈까지.

너는 날마다 새 옷을 골라 입고, 거울 앞에서 빙글빙글 돌며 꽃봉오리처럼 볼록해진 치마를 보고 웃을 거라고 나는 생각했지. 여자아이는 우아하고, 예쁜 걸 좋아하고, 유순하다고 생각했거든.

그러나 너는 뛰거나 기어오를 때 치마가 불편하다고 했어. 스타킹은 덤불에 걸리기 십상이었고, 다리에 생채기를 남겼지. 옷에서 떨어진 반짝이와 스팽글, 보석 장식 때문에 숨바꼭질할 때마다 들켰고, 원피스는 청바지처럼 미끄럼틀을 견디지 못했지.

그래, 엄마는 너에게 배웠어. 여자아이도 천방지축이고, 활동적이고, 격하다는 것을.

좀 더 자라자 너는 마치 폭발하는 회오리바람 같았어. 너의 넘치는 에너지를 다치지 않고 발산할 수 있는 무용, 리듬체조, 피겨 스케이팅, 또는 좀 더 섬세하고 세련된 운동을 시키고 싶었어. 그곳에서는 다른 여자아이들을 사귈 수도 있고, 함께 어울릴 수도 있으니까. 여자아이는 곱고, 기품 있고, 앙큼하다고 생각했거든.

그러나 너는 손바닥이 긁힐 때까지 농구를 하고, 넘어져서 무릎이 까질 때까지 달리고, 팔꿈치와 정강이가 멍들 때까지 축구를 하고, 경쟁하고, 두드러지고, 이기는 것을 좋아했어.

여자아이도 거칠고, 시끄럽고, 나부댄다는 것을 엄마는 너에게 배웠지.

네가 무엇을 좋아할지 멋대로 생각하는 걸 그만둔 지 꽤 되었어. 이제는 너에게 먼저 물어보지. 당연히 그럴 것이라고 생각하던 것들이, 무조건 그렇다고 배운 것들이 너에게는 통하지 않았거든.

너는 그보다 훨씬 훌륭하고 멋져.

강하고, 현명하고, 대담하고, 의연하고, 용감해.

너는 늘 새로워. 너는 놀라워.

어떤 모습이어야 하고 어떤 사람이어야 한다는 말에 너를 끼워 맞추지 마.
네가 원하는 것, 하고 싶은 것을 이룰 수 있는 모든 힘은 이미 네 안에 있어.

내 작은 아이야, 미래는 네 두 손 안에 있단다.

성 평등, 우리가 가야 할 길

" 우리는 여자아이들에게 가르칩니다.
더 움츠리라고, 더 작아지라고.
우리는 여자아이들에게 말합니다.
야망을 가지라고.
단, 과하지 않을 만큼만.
성공해야 한다고.
단, 지나치지 않을 만큼만.
남자들에게 위협이 되지 않을 만큼만. "

치마만다 응고지 아디치에(Chimamanda Ngozi Adichie),
『우리는 모두 페미니스트가 되어야 합니다(Tods deberiamos ser feministas)』

InteRed
por una educación transformadora

미래는 좀 더 공평하게 여성과 남성의 권리가 동일해질 것이라고 믿습니다. 그래서 좀 더 평등한 조건에서 그들을 교육할 필요가 있습니다. 이 책의 판매 수익금의 5% 는 교육, 성 평등, 사회 참여를 증진시키는 NGO 단체인 InteRed에 기부됩니다. InteRed는 스페인 내 11개 대표단을 중심으로 스페인의 28개 도시와 다른 국가의 4 개 대표단이 함께 협력하며, 세상을 바꾸기 위해 노력하는 곳입니다. www.intered.org

옮긴이의 말

문주선

이 책을 옮기는 과정은 제게 놀라움의 연속이었습니다.

이야기 여덟 편의 주인공이 모두 저였기에 놀랐고, 삼십 년 전 저의 어린 시절의 이야기가 현재 진행형이라는 데 놀랐고, 지구 반대편 먼 나라에서도 같은 일이 일어나고 있다는 데 놀랐고, 그동안 무심코 내뱉은 말과 행동 속에 담긴 제 안의 편견과 차별에 놀랐습니다.

하지만 놀라고 있을 수만은 없었습니다. 작가의 말처럼, 저를 비롯해 제 인생에서 중요한 여성들과 여자아이들이 이 이야기의 주인공이 되지 않도록 해야 하니까요.

작은 것부터 행동해보려고 합니다.

「귀고리」의 주인공처럼 나의 겉모습을 다른 사람의 기준에 맞추지 않을 것입니다.
「운동장의 주인」에 나오는 여자아이들처럼 부당한 것에 맞서 연대할 것입니다.
「빨간 엉덩이」의 나처럼 내 몸과 생리 현상을 부끄러워하지 않을 것입니다.
「미스터리 사건 해결」의 감독처럼 성별로 능력을 평가하지 않을 것입니다.
「보이지 않는 여자아이」의 부모님들처럼 이분법적으로 생각하지 않을 것입니다.
「숨은 여성 찾기」의 선생님처럼 숨겨지고 잊힌 것을 찾으려 노력하겠습니다.
「후회하지 않아!」의 남자 친구처럼 내 힘과 지위로 누군가를 길들이지 않을 것입니다.
「딸, 너에게 배웠어」의 엄마처럼 내 딸아이를 세상의 잣대로 키우지 않겠습니다.

인종, 민족, 성별, 나이, 빈부에서 오는 차별을 뛰어넘어, 모두가 나를 사랑하며 나답게 살아가는 세상이 오기를 기다립니다.

글쓴이

사라 카노 Sara Cano

스페인 마드리드에서 태어났다. 마드리드 자치대학교에서 아랍 문헌학으로 학사 학위를, 출판학으로 석사 학위를 받았다. 스페인과 칠레에서 3년 동안 편집기획자로 일했고, 프랑스와 이탈리아에서도 살았다. 지금도 출판사나 박물관, 디자인 에이전시에서 외부 편집기획자로 일하며 어린이 · 청소년 책을 만들고, 번역하는 일을 한다. 시간이 날 때는 장난꾸러기 어린 시절의 기억을 떠올리며 어린이들을 위한 글을 쓴다. 지금까지 쓴 책으로 『6학년 A반의 전쟁』과, 과학 저술가이자 고생물학자인 프란세스크 가스코와 함께 쓴 『쥐라기 시대 탐험』이 있다.

그린이

아나 산토스 Ana Santos

스페인 살라망카에서 태어났다. 살라망카 대학교에서 순수 미술을 전공했고, 마드리드에서 웹디자인과 광고창의성을 공부했다. 지금은 플라네타, 로카, 펭귄랜덤하우스 등 스페인 유수의 출판사와 일하고 있다. 그림을 그린 책으로 『말은 바람을 타고 가(지 않는)다』 등이 있다.

아구스티나 게레로 Agustina Guerrero

아르헨티나의 작은 마을 차카부코에서 태어났다. 그래픽 디자이너이자 일러스트레이터로 일하고 있다. 개인 블로그에 연재해 크게 인기를 얻은 그림들을 모아 엮은 컷만화집 『날고 싶은 자의 일기』는 여러 언어로 번역 출판되었다.

아마이아 아라솔라 Amaia Arrazola

스페인 빅토리아에서 태어나, 마드리드 콤풀텐세 대학교에서 광고홍보학으로 학사 학위를 받았다. 일러스트레이터로 일하기 전까지는 광고대행사에서 아트 디렉터로 일했다. 국제적으로 인정받은 그는 『에라스무스』, 『작은 거인 오드리 헵번』, 『서랍에 없는 팬티』 등의 책을 출간했다.

레이디 데시디아 Lady Desidia

본명은 바네사 보렐이며, 스페인 살라망카 대학교에서 순수 미술을 전공했다. 그가 그린 캐릭터 '레이디 데시디아'가 크게 인기를 끌어,『꿈』,『이상한 나라』등 책으로 출판되었다.

나랑할리닷 Naranjalidad

본명은 베아트리스 라모스이다. 그의 그림은 SNS에서 큰 인기를 끌었다. 그림을 그린 책으로『모든 것은 지금 막 시작되었다』,『가을의 열대야』등이 있다.

라우라 아구스티 Laura Agusti

스페인 산트 보이에서 태어났다. 미겔데에르난데스 대학교에서 순수 미술을, 바르셀로나 마사나 학교에서 인테리어 디자인을 공부했다. 10년 동안 무대 미술가로 일하다가 지금은 일러스트 작업에 집중하고 있다.

엘레나 판코르보 Elena Pancorbo

스페인 하엔에서 태어나, 순수 미술과 일러스트레이션을 공부했다. 책을 출간하기 전에 SNS에서 먼저 유명해졌다. 그림을 그린 책으로『너에게 말하기 전에』,『주소 없는 편지』등이 있다.

마리아 에세 Maria Hesse

스페인 우엘바에서 태어났다. 전문 일러스트레이터가 되기 전에는 특수 교육을 공부했다. 스페인 출판사 에델비베스에서 일했으며, ≪글래머≫, ≪조트 다운≫, ≪마사이 매거진≫ 등 여러 잡지에 그림을 그렸다. 그림을 그린 책으로『페미니스트 프리다 칼로 이야기』,『데이비드 보위』등이 있다.

옮긴이

문주선

한국외국어대학교에서 스페인어와 영어를 공부하고, 지금은 출판사에서 어린이 책을 만들고 있다. 옮긴 책으로 『할아버지의 코트』, 『아델과 사이먼』, 『누구지, 누구』, 『소니아 들로네』 등이 있다. 여섯 살 딸 민재가 어떤 구속과 압박 없이 자신을 사랑하며 살아갈 세상을 생각하며 이 책을 우리말로 옮겼다.

여성이 미래다
나답게 살아가기 위한 여덟 가지 이야기

1판 1쇄 발행	2018년 12월 25일
1판 2쇄 발행	2020년 5월 30일
글쓴이	사라 카노
그린이	아나 산토스, 아구스티나 게레로, 아마이아 아라솔라, 레이디 데시디아, 나랑할리닷, 라우라 아구스티, 엘레나 판코르보, 마리아 에세
옮긴이	문주선
펴낸이	조추자
펴낸곳	도서출판 두레
등록	1978년 8월 17일 제1-101호
주소	(04207)서울시 마포구 마포대로 14가길 4-11
전화	02)702-2119(영업), 703-8781(편집), 02)715-9420(팩스)
이메일	dourei@chol.com

- 책값은 뒤표지에 적혀 있습니다. 잘못 만들어진 책은 구입하신 곳에서 바꾸어 드립니다.
- 이 도서의 국립중앙도서관 출판예정도서목록(CIP)은 서지정보유통지원시스템 홈페이지(http://seoji.nl.go.kr)와 국가자료공동목록시스템(http://www.nl.go.kr/kolisnet)에서 이용하실 수 있습니다(CIP제어번호: CIP2018038752)

ISBN 978-89-7443-117-4 43330